시

똥

마

theos'
poem

시같은 똥보단

똥같은 시가 되고 싶은

마음뿐이다

유니크모노그라피

윤
태
오

시
집

용기를 내는 일 따윈 하고 싶지 않았다

적어도

너를 만나기 전까지는

사 랑

그림을 그리다
생각의 틀을 맞추다

음악에 꽂혀
너의 발등에 반하다

그림을 그리다

조용히 다가가
너의 어깨에 입을 맞추다

웨
이
터

문득 생각이 생각을 낳는 오늘입니다
삐딱한 나는
삐딱한 손님을 만나
조금 바라졌습니다

흔한 것도 사랑이지만
흔한 것도 이별입니다

기다림도 사랑이고
통곡도 이별입니다

누굴 위해 울어본 적도 없으면서
나는 자꾸 이별만 합니다

생각이 생각을 낳던 오늘
나는 당신을 생각합니다
어딘가에서
웃고 있을

부디 당신

독주는 해롭습니다

아슬
아슬

아슬아슬하게 졸려
너를 앞에 두고
슬근슬근
잠이 와
이유 없이 미운 니가
아슬아슬하게
좋아

너를 좋아해
제대로 알고 싶어

하지만
아슬아슬
그렇게 가고 싶어

너의 속까지
그 끝까지 아슬아슬

묻고 싶어
닿고 싶어

아침의 꽃

너는 나의 좋은 징조
꿈이라도 좋을
느낌

비릿한 믿음
돌아가고 싶은 잠

너는 나의 꽃

매일 만져도
또 만지고 싶은……

M.

어느 날 수북이 쌓여 있던 눈처럼

너는 착한 사람
불타는 도화선을 잡고도
끄떡없었지

너는 마음이 약한
착한 사람

누군가의 눈물 따윈
보지도 못하는 사람

      탈을 쓴 사람들 속에서
       언제나 맨얼굴로 웃던 사람

사랑이 넘쳐 눈물로 흘러도
늘 마지막엔

웃던 사람

말하자면

사랑
같은

것

언제부터인가
보고 있게 되었다

외롭지 않은지
아프지 않은지
지치지 않았는지

자꾸만 생각하게 되었다
말하자면 사랑 같은 것

눈에 넣어도 아프지 않고
곁에 두고도 늘 생각나는

고 백

나는
가을이어서
너를 좋아해서
사랑해서
미워해서
우는 게 아니다

나는 그저
우는 게 좋았다

자꾸 울다 보면
누군가 날
안아주는 게
그렇게 좋았다

그대로 죽고 싶을 만큼
나는 니가

참 좋았다

MUSE

나는
해답을 알고 있다

반응하는 목적이
이유가
자제시키고
단념시키는 생각까지

나는 매일 또 다른 너를 만난다

한 번도
고백해 보지 못한
문제를 찾는다

고백 2

사실은 말이야

나는 말이야
자꾸만 땀이 났어

니 생각이 날 때마다
땀도 같이 났어

Virus

책장을 넘기던 손으로
음식을 만지면
너를 만지면
그 속에 단어들
맛보고 싶지만
맛볼 수 없는

책장을 넘기던 손으로
너를 넘기면
새콤한 향기
오래된 책보다 더 오래된
내 가냘픈
사랑

만남의 레벨

너라면 좋겠는데
다시 만날 사람
그 예쁜 길
손을 잡고
마음을 기대며 걸을 사람

추억을 쌓아
집을 지을
예쁜 사람

너라면 좋겠는데……

다큐멘터리

만약 내가
자유로운 몸이었다면

더
솔직한 인간이었다면

너를 업고
도망칠 수 있었을까?

모진 사람

수많은 상처의 말들
목을 또
몸을 감았던
아프고 아픈 말들

보내지지도 않는 편지처럼
지지리도 못나서
자꾸 상처를 준 일이
다시 상처로 남아서
용서하기도 싫어서
하루하루
잊으려고만 살아서

차갑기로는 둘째가라면 서러워

늘 따뜻한 것만
부드러운 것만
너만
찾아다니는
나는

도망

햇살이 없어 슬픈 건 아니었다
너도 나만큼 아팠으니

이것도 방법이지 싶었다

멀리 아주 멀리
그렇게 가다 보면

널 아주 잊지
싶었다

어떤 감정들은
날 평생동안 붙잡아 두기도 해
어쩌면 그게 에너지야
너의 생을 유지하게 만드는

매일이 너 같은
내일

        같은 종류의 사람을 만나
        같은 종류의 사랑을 하고
        같은 종류의 음료를 마신다
모두 같은 종류의 고마움과
        같은 종류의 미움까지
나를 불안하게 만든 것은
        반복이 아니다

        하루도 새로울 수 없는
나의 게으름과
        가난과
        늙음이다
항상 같은 술을
        같은 잔에 따라 마시는
나의 같은
        욕심이다

그때는 왜냐고 물어오면
대답해 줄 말이 있었다

사실은
사실이 아니라고
말해 줄 용기가 있었다

때로
때때로
소리 없이 울다가
떠들고 웃다가

다시 감는다
너를 본다

너는   늘   소리가 없다

변 명

자신이 없으니까

너는
나를
나는
너를

품을 자신이

딜레마

마음은 있는데
몸은 없다거나

곁에 있어도
마음이 없다거나

머리가 나빠
널 잊었다거나

혹은 머리가 나빠
널 잊지 못한다거나

딜
레
마
2

만남이 좋은 이유는
하나가 아니기 때문이고
만남이 싫은 이유는
하나가 아니기 때문이다

아쿠마

궁지에 몰리면
A부터 Z까지
계산해 보는 게
인간이다

아쿠마 2

사랑했으나
사랑받지 못했다

공간의

이
해

나는 원래 혼자인 것을 좋아하는
　　　　　　　　　　　　사 람

같이 있을 때 행복하기만 했다면
　　　　　　　　　　　　거짓말

때로는 귀찮기도 하고 무료하기도 했던 게
　　　　　　　　　　　　정 답

어쩌면 나에게 필요했던 공간은
　　　　　　　　　　　　한 평 반

너와 내가 함께 누울 자리
　　　　　　　　　　이불 한 채

밥 한술 떠넣을 작은
　　　　　　　　　숟가락

지금도 필요한 공간은
　　　　　　　　한 뼘 하늘

바라본 구름과 몰래
　　　　　　　　잡은 손

너 없인 늘 혼자인 나에게
　　　　　　　　　　공간은

너와 보낸 모든
　　　　　　시 간

White Rose

비는 내리고
너는 오지 않고
마음은 축축하고
생각은
너를 잊겠다는 생각은
땅속을 흐르고

내 무너진 마음은
꽃으로 채워진 너의 믿음은
흥겨운 음악만큼
멀어진 소음

오랜 담배와
너의 미소가 그리운 밤

별은 널 잊지 못하니
나는 외롭지도 않으련만

어느새 짧아진 연기는
누구의 한숨일까?

Outside of My Window

너는 누구의 마음인가
별인가
계단을 오르다 지친
소리인가

병(病)들이 몸을 괴롭히던 날의
우울한 외침인가

외롭지 않았다

매년 내리는 눈처럼
소복이 쌓여 있던 미움조차

너를 버리고 돌아온 그 소음처럼
아프지 않았다

회 상

온종일
바래진 기억으로
나는 생각을
또 당신 생각을

      그때 그 찻집이
      그 길이
      문득 지나친
      눈빛들이
      내 것이었는지
      내 것이 아니었는지

아무런 상관이
없던 것인지
아무리 기억해도
너는 내 앞에 있는데
만지고 만져도
너는 내 곁에 없는데

이제 와 돌이켜보면
그저 사랑한다 말한
죄 밖에 없는데
그 모퉁이 구석에서
구겨지더라도

내 기억 속엔
너밖에 없는데……

오솔길

      그때 나는
      왜
      너의 손을
      잡지 못했을까?
      놓지 못했을까?

나의 허름한 말투와
애 닳은 손톱이
너의 무던한 마음과
시들어가던 웃음이

      서로를
      외면하며
      걸어야 했던 그 길을

      왜
      아직 나는
      꿈처럼 버리지 못할까?

바쁘게 살아야 한다

너를
잊기 위해선
어떻게든

살아 있어야
한다

개
미

생각의 소리

망각은
울부짖음으로
반복된다
발바닥 밑에서
머리 꼭대기까지
손이 가는 모든
풀숲의 움직임까지
소리를 담은
그 기억까지

알면서
붙잡은

미안함까지
모두 재생된다

fish

그 흔한 눈물도 없었다
너와 나 사이

어떤 강물이 흐르던
바닷속 깊이
눈을 빼앗겨

마음만 겨우 흐르던
너와 나 사이엔

그리움 그린
　　　그런
　　　그림

　　　오해는 오해를 낳고
　　　생각은 더 큰 생각을 낳는다

　　　아름다웠다 말하고
　　　그립다 말한다

　　　돌아가지도 않을 그리움을
　　　너는 담는다

　　　오래된 기억 속에
　　　생각의 끝을 조심히 그려 넣고

　　　너는 돌이키고 싶지 않은 선택을
　　　아쉬웠다 말한다

　　　그립다 말한다

필요한 성찰

사랑하는 사람은
받아들이는 사람의

마음까지
상태까지
방법까지

모두 알아야 한다

이별

우리는 우리를 위해
살아도 좋고
남을 위해 살아도 좋다

담배를 피우던
담배만 피우던

그때로 돌아가
너를 안고 싶다

나를 보러 오지도 않을
너를 겪고 싶다

이야기

어차피 너와 나의
아픔도
슬픔도
기쁨도
이별도
결국은
그냥
이야기
가끔
떠오르다
언젠간
잊혀질
그리움
같은
노랫말
같은
세월 같은
그저

이야기

마지막

심
장

우리는
그렇게
아무도
모르게
서로를
보냈다
나에게
보여준
사랑과
너에게
보여준
눈물이
아직은
힘겹게
서로를
지키려
애쓰고

있지만
수많은
오해와
편견이
더많은
상처와
이유를
만들고
세상엔
한번쯤
눈감고
돌아설
순간이
있다는
다짐과
꽉깨문
입술이

그렇게
차갑던
눈빛과
서로를
속이며
내뱉은
말들이
마지막
심장을
깊숙이
찌르고
우리는
그렇게
두손을
저으며
서로를
보냈다

참 힘든 일이다
끝은 꼭 있어야 한다고 믿는 사람들 틈에 사는 것은....

낮은 구름이 머리를 스쳐
피가 날 지경이다

이건 꿈인가
약인가
병인가

Portrait of a Romantic

모자라는 삶은
넘치는 삶을 이기지 못하고
오랫동안 넣어 두었던
생각만이
해묵은 습관처럼
나를 부른다

결코 버리지 못한
너를 버린다
만나지도 못하고
만났다 한들

거기서 거기까지인
너를 그린다

후회

내가
지금처럼
보잘 것 없었다면

너의 기억이 나에게
없었다면

하나도 중요하지
않았다면

언젠가는 죽을 사람처럼
어제 죽었더라면……

주황색 베개

근황을 물어 왔다
너에게 온 편지
사진 한 장

나는 낯익은 베개에
너를 맡으며
답장을 했다

"사람이 사람을 잊는 데는
얼마의 시간이 걸릴까?"

남의 속도 모르고
망각의 속도를 묻는 너를

주황색 베개 한 켠에 치워두고
자리에 눕는다

나는 오늘
너와 잘 것이다
너와 잘 것이다

덧없을 위로를
옆에 두고
한없이

울 것이다

조심해, 사람들은 자기가 한 말을 금방 까먹어 머리가 나빠서 마음이 바쁘고 몸이 아파서 있던 것도 없고, 없던 것도 있게 돼

윤회

공희

다음 생에 태어나면
날 찾지 말아달라
부탁했지

그래도 찾을 거면
돌맹이 하나 손에 넣으라
부탁했지

                        산이든 바다든
                           오랜 시간
                             깎이고 닦여

               단단하게 마음 둘
                       그것 하나

간직하라 부탁했지

베테랑

인간은 각자의 방법으로
살기 마련이지

무거운 종이 울리고
새로운 새벽이 찾아오면
각자의 방식으로 자리에서 일어나
전쟁터로 향해야 하는 거지

눈을 가린 희뿌연 안개가
그 안개가 걷히면

적이 올지
아군이 올지
숨죽여 기다려야 하는 거지

Why we fail?

뱀이 한 마리 있었다
당신 처마 밑
그 대청마루 언저리
신발 속
나무와 풀숲
한적한 물가
너의 진심과
나의 거짓 사이에

큰 뱀이 있었다

심정

죽을 때까지 살다가 죽기를 바랬건만

모든 것을 바치는 일이란
흉기 같다
뭐 하나 남기지 않는
삶이란

시퍼런 칼날 같다

칼날

비약이 있어야 겠다
용의 승천 같은
기적이 있어야겠다
나에겐 사랑 같은
먹이가 필요하다
결국 나를 죽일

니가 필요하다

죽을 일만 남았다
사는 일이란 결국
죽을일만 남은 것이다

인간은 가장 아름다운 것을 마주할 때
스스로 노예가 되기를 멈춘다

Oltremare

자유를 누리는 일이란
보석 같다
비 같다
울음 같다

넓은 바다에
머물다 간
물고기 같다

오지
않을
것들을
기다리며

제일 무서운 사람은 사라지는
사람
없어져도 생각이 나는
사람

경쟁에서 뒤처지는
말이 되기보단
바닥을 걸어 다니는
돌이 되겠다

말발굽에 얻어맞아
피가 날지언정

너를 위해
죽지는 않겠다

無 我
무 아

쪽수로 밀리지 않아야 해
너를 아는 사람들의
숫자에 밀리지
않아야 해

세상의 어떤
사람과
사람의 관계에
휘둘리지 말아야 해

이제 와 새삼
부끄럽지 말아야 해

너를 좋아해야 해
마음 깊이

최선을 잊어야 해

가족

업보가 있다
잘못이 있다
예쁜 마음엔
흠이 있다

기쁨은 슬픔의 동의어
후회는 용기의 다른 말

돈보다
책임보다
귀중한 삶이

하루를 벌어
한 끼를 살더라도

부끄럽고 싶지 않은
믿음이 있다

어머니

나는 오늘도 술을 마셨어요
관계의 천재와
몰염치한 만남이
어느 날 길에서 울던
이름을 찾아 떠돌던
날들이 떠올랐어요
나는 아프지 않았지만
당신이 아플 것 같아
자꾸

눈물을 참았어요

미안해요
오늘도 난
술을 마셨어요

당신을 지키지 못한
나의 마음이 두려웠어요

충 고

단 거 좋아하면 이빨 썩는다
매운 거 좋아하면
똥꼬 아프고
사람이 싱거우면
어디 가서 대접을 못 받아
두루두루 돌아댕길 생각 말고
중심만 지켜
그러다 보면
어느새 두루두루 돌게 돼 있어

아프면 병원 가고
슬프면 그냥 울어
누가 뭐라 거든
알았다 하고
누가 진짜 뭐라 거든
잘 새겨들어

자꾸 애쓰지 말고
가끔 주위에 고맙다고 말해

그리고 너를 믿어

그게 너를 지키는
방법이야

유일해서 유일한
너만의 진리야

울

컥

사람들의 진심이 보이기 시작할 때쯤

사람들의
가식과 위선도
보이기 시작한다

나이가 든다는 것은

그래서 울컥하고
그래서 씁쓸하다

그 나물의
그 밥

무엇을 먹어야 새로울까
누구를 만나야 새로울까
어떻게 태어나야
미웁지 않을까

강아지를 만나
고양이 밥을 먹으면
쥐덫에 앉아
새를 기다리면

엄마의 밥상에 오른
그 풀들처럼
날마다 새로울까

매일 마시는 커피조차
똑같다 믿는
나의 고집은 나를
외롭게 하나니

이제 와 무엇을 보태야 한다면
나는 무엇을 보태야
아름다울까
새로울까……

아파트

이쯤 삼미터
그 위에 똥
나를 향해 겨누는
그리고 또 그 위
오줌
그를 향해 겨누는
똥과 오줌
아, 파트타임 알바로는
절대
살 수 없는
아, 머리에 똥오줌을 겨누며 사는
너는
나의 목표
싫어도 버리기 힘든
희망
오랜 꿈을 먹고 자란
거대한 탑
살 수 있다면
쌀 수 있다면
언제든

오케이

필요한 성찰 2

남의 떡이
커 보이는 건
니 떡이
작아서다

Heavy Smoker

복숭아 잎을 따다가
아카시아 줄기를 따다가
버려진 손편지나
쓰다만 지우개 같은 것
니가 좋아하는 벤치 밑
흙이나
쪽쪽 빨아먹은 아이스크림
스푼들
그런 것들을
모아다
담배와 바꿀 수 있다면

좋아하던 커피 향기와
버리지 못한 유리병
가끔 손이 가는
옷감들과
색바랜 손수건까지
남아 있는
너를
모두 모아다
담배와 바꿀 수 있다면

청
첩
장

불편해
불안하고
불행해

너를 만나는 일이
기쁘면서

불쾌해

코
끼
리

회색 인간이
찬
회색 시계
마신 맥주
빈 담배를 물고
쓴
편지 같은 안경

나는 경계에 머물다 떠나는
목이 긴

친구의 전화

"오늘은 우울한 생각 말고
밖에 나가서 바람 좀 쐐."
샤워기의 물을 맞으며
내 몸에 새겨진 그 독한 시간들은
어디로 간 것인지 생각했다
항상 희망을 찾아내던 너와
항상 절망을 읊조리던 나
사이에
어떤 기억의 끈 같은 것이
남아 있다면
돌아가 그 매듭을 풀고 싶어졌다
우울한 눈빛 대신
평범한 잔소리 대신
너에게 '희망적'이었던
사람으로 남고 싶다
누군가 바라는 모습으로 살아간다는 것은
곧
내가 바라는 모습으로 사는 것과
별반 다르지 않기에……

존재가
잔소리가 되는
친구

별거 아니다
그냥 조금 귀찮고
조금 더
눈치를 보게 되는 것
그게

진짜 사랑이다

강가
에서

나보다 돈이 많은 녀석이
나보다 건강하고
나보다 잘난 체하는 녀석이
나만 보면
죽고 싶다 말한다

너는 왜 그렇게
잘 살아있냐 묻는다
미안해하지도 않고
부끄러워하지도 않고
소주 한 잔 사주며
줄줄 떠들다 떠난다

거친 강가에서
용기없이 사라진다

    어느 지하에서 만난
    女人의 품으로
    같이 가잔 말도 없이
    없어진다
    도망친다

        굽이굽이 강물처럼
        잘도 굽은 뒷모습이
        유유히 떠나간다

불면증

꼬리에 꼬리를 물고
공중으로 올라가던 생각은

거친 비바람을 만나
다시 내 머릿속으로

하필 이 순간
주책맞은 방광까지
의식을 맑게 하고

둔탁한 소리를 내며 떨어지는
탁류 같은 오줌이
변기에 묻는다

닦을 새도 없이
슬리퍼를 버리고
알약부터 찾은 나는
"아, 오늘 밤도 글렀구나."
한숨을 내쉰다

잠은 꼭 첫사랑처럼
한 번 떠나면 다시 오지를 않고

이러니 재벌도 연예인도
피에 우유를 타지 하다가

스르르
아침이 내린다

씨발

제발

제발
그러지 마
라고
좀
  그러지 마

돈 되는
일만
찾으라고
좀
  그러지 마

너의
거지를
나에게
좀
  옮기지 마

필요한 성찰 3

의미는 찾아다니는 것이
아니라
만드는 것

무엇을 빌미로
삶을 부정 말며

삶을 빌미로
무엇을 부정 말라

業업

습관이 되어 버린 뜨거움
한 번, 두 번
이별로 만들어진
너

핏물처럼 떨어져라
생명처럼 질긴 인연에서

없어진 마음을
위로하라

기억하라
인내는 사랑의 적이다

무명작가의 변

보호받는 것일 수도 있어
선택받은 것일 수도 있어

어느 심해에 사는
등이 굽은 새우처럼
모든 중력을 떠안고 살아가야 하더라도

누군가 너를 무시하게 두지 마

너의 저수지에 날아가는 새와 메뚜기
지혜로운 두꺼비 말고는
함부로 드나들게 하지 마
너의 심연을 두려워하지 마
태양을 부러워하지 마

누구도 보지 못한다면
신이 보게 될 거야
그게 신의 역할이니
너는 너의 역할만 하면 돼

재촉하지 않더라도
너의 시간이 오면
너는 충분히 행복할 거야
새들은 기뻐할 거야

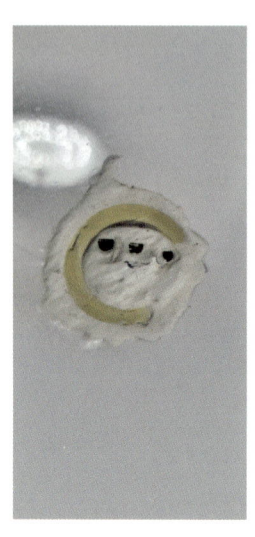

더러 많거져 버려야 해
가끔 소란을 피워야 해
그래야 누가 안전한지
누가 나의 편인지

확인하게 돼

눈물밭

인간은 곳곳이
지뢰밭
발 디딜 틈 없는
모래밭

예쁘게 가고 싶은데
좋은 곳만 밟고
그렇게 살고 싶은데

인간은 온통
지뢰밭
시끄러운
자갈밭

애써 아름답고
애써 잔인한

SHELTER

우리는 흔한 것들의 이유
몰려오는 폭풍보다 못한
검붉은 비

하늘은 언제나 조용한 것들을
쓸어 담고
가난한 욕망은
복제된 두려움을 불러낸다

믿음이란
제 살을 잘라 당신에게 주는 일

오직
시련을 먹고 자란
짐승만이 더 단단한
집을 짓는다

안될 것도 될 것도
없는 생각 속에
꼭 필요한
점 하나를 박는다

House

너는 나의 벽이다
지붕이다
가축을 풀어 키우던
우리다

비는 내리고
술은 부족하고
모든 애매한 것들이
하늘에서 쏟아졌다

목숨을 지키려 애쓰던
촛불이 꺼질 때쯤
고생이 고생을 낳고
돈이 돈을 낳고
사람이 사람을 낳는다 믿는

참신한 그가
돌아왔다

이구아수

지구의 반대
속 좁음을 고백하던
눈빛

이별을 말할 땐
누구의 존재도 고귀하다는 믿음

사람이 사람을 낳는 이유는
울지 않으려는 몸부림

저주를 극복해낸
옳고 그른 힘

쏟아지는 눈물 같은
그 험한 약속

Pale Blue Sox

기다리라는 말로는
모자라
기억은 송곳처럼
살밑을 찌르고
추위와 더위에 지친
가녀린 발은
오래된 습관을 허문다

깨끗한 집과
조용한 정원

꽃들이 피고 질 자리엔
미움만 남았다

가질 것 없는 생각과
아낄 것 없는 그리움

있어도 나쁠 것 없는
색깔들만 피었다

죽도록 지겨운 밤   공
너의 곁을 지켜
얻어낸   허
자유와 믿음

동물원을 좋아하는 나와
동물을 사랑하는 네가

서로를 만나
사랑하던 성(城)

사람의 무덤엔 이름이 있고
그들의 폐허엔 먼지만 남았다

먼 길을 돌아 만난
       공허

술 위에 비친 하늘에
누군가 너의 공적을 새겨두었더라면

하얀 먼지 대신
푸르른 이끼를 덮어두었더라면

모래이며 진흙인

새들은 길을 안다

그 뻔뻔한 부리로
허공을 가르며
머물다 지친 친구를
쪼아댄다

삐걱거리는 말들과
흥겨운 노새의 소리
누군가 걸음을 재촉하면
여자들은 괴로웠다

밤이 낮 같고
낮이 밤 같은

날들이 지나 겨울이 오면
소리를 내어야 겨우
누군가 알아들을
체온이 꿈틀거렸다

착각 말라

새들도 길은 모른다
그저 바람을 거슬러
위로 오를 뿐
더 이상 나눌 것이 없어

너처럼
울어댈 뿐이다

아침
하늘

나는 푸른 하늘을 사랑해

호수보다 깊은
바람보다 메마른
낯선 음악에 묻힌
의자를 사랑해

새로 고친 자전거와
노란 앵무새를
다시 돌아오지 못한다는 생각을

꿈 없이 떠도는 구름과
허공에 가려진 달을
무너진 어깨와
비처럼 쏟아진 그 빛을

눈물 같은 축복을
사랑해 난
사랑해

아침 같은 하루를
너 같은 기분을

Old Tree

누군가 곁에 있다면
물어보게
살아 있는 일이
너에게 어떤 가치를
주는지

生을 간직하리란
바람도
목적 없인
불가능한 일

살아 있다면
알아보게
누군가의 믿음이
진정 너의 것이었는지

받아보게
마셔보게
너의 피가 진짜
진한지를

비워보게
허공을 가르는 꽃잎처럼
흐느껴 머물다
떠나보게

오랜 나무처럼
지켜보게
담아보게

나이를
먹어 가는 일

자신이
얼마나 보잘것없는 존재인지
확인하게 하는 일

헤어짐이 없어도
헤어진 사람처럼

하나하나
꺼내, 기억해

스스로 아프게 하는 일

필요한 성찰
4

허투루 듣지 말고
허투루 말하지도 말라
당신은 운이 좋은 사람임을
인정하고
감사하며
삶에 충실하라

그리고 늘

귀엽고
깨어있으라

Wasteland

어두워진 황무지
어두운 달은 하얗고
어리석은 나는
복수를 꿈꾼다
누구에게
미안하지 않도록
용서하지 않도록
기다린 시간만큼 잠들지 않도록
오직 홀로 남아
더위를 잊은 거위처럼
하루를 보낸다
모이는 쓰레기를 걷어
맹세를 만든다
누구의 것도 아닌
나를 심는다
나무보다 깊은
뿌리를 박는다
기다린 시간만큼 쓸모없지 않도록
외롭게 지쳐 잠들지 않도록
누구의 숨을 거두지 않도록
어리석은 나는

복수를 꿈꾼다

배반

나이기를 강요하는
인간들 틈에서 벗어나라

복숭아 껍질이
위험하다 말하는 이들을
처단하라

세상의 달콤함엔
모든 위험이 도사린다
주는 것만 먹으란 자들을
의심하라

너의 턱밑에
침을 괴고 앉은
노인을 경멸하라

삶이란 원래
부단한 것이다

떨리는 삶을 살면
그것이
죽어가는 삶보다
백배 천배
낫다

밤비 2

내일이 돌아오면
나는 또 무너지리라
어두운 골목에
혼자이리라

내가 본 그림을
곱씹어

말없이 웃으리라
소리 없이 울리라

하늘을 보는 나와
나를 보는 하늘은
결국 마주하리라

어두운 골목
사람들이 지나간

흔적을 맛보리라

카테고리

나부터 살아야 너도 산다는
거짓말
끝까지 이기적인
죽음
희생 없인 어떤 것도 건질 수 없다는
믿음
모두 똑같이 하는
기도

하나 같은 둘
둘 같은 하나

별일 없이 살다가는
너와 나의

肉육

너의 표현과 다르지 않다

기적의 이름은

너를 따라다닌
나쁜 놈과
더 따라다닌
착한 놈 사이에

너를 바로 세울
믿음이 있느냐의 차이

혹한의 겨울이 오더라도
따뜻한 기분을
가질 수 있다면

너의 선택은
너의 것이라

아무도 뭐라 하지 못하고
너는 감은 눈을 떠

아름다울 것이다

동물의 왕국

왜 하필
이런 모습인지는
묻지 말아줘

나는 난폭한
코끼리와
너는 우아한
승냥이였는지

왜 우리는

예쁜
하마가
독수리가
슬픈 뱀이

아니었는지

묻지는 말아줘

어여쁜
담비가 아니라도

너는
충분히 아름답고

거친
오소리가
아니라도
나는
충분히
나 다울 수 있으니

우리가
동물의 왕국에서
우주의
틀에서
부대끼며 살더라도

나는 너를
충분히 이해할 수 있음을
이해해줘

서로 울지 않기를
기도해 줘

Test

항상 시험을 원해
증명을
해소를
완전함을
바란다지
그래야 마음이
편하다지
오해를 없애고
싹을 지우고
자리에 들어야
꿀잠을 잔다지
하지만
다시
확인이 필요해

증명이 필요해
또
의심을 한다지
이유를 찾는다지
그렇게 가다 보면
어느새
문 앞에 선다지
답을 가진 채
질문만 했다지
누군가 정답을
말해주길 기도하며
너는
너의 시간과
믿음을
허비했다지

My God

너는 내게 좋은 것만 주었지

차가운 바람과
높디높은 산
치솟는 연기와 불안
안심과 한숨

눈길을 걸으면
그 길을 걸으면

떠오르는 기억
알몸을 보일 용기와
지난한 욕심까지

넌 항상 내게
어려운 것만 주었지

다시 돌아와
내게 안길

좁디좁은 하늘만 주었지

니가 한 선택들이
너를 무너뜨릴 순간이 오면
기도하라

무엇이 무엇인지
모르겠거든
물어보라 자신에게

　　　　너를 감당할 것은
　　　　너와 너를 만든 신이며
　　　　설득은 필요 없다

구

원

니가 한 선택들이 신이고
그의 결과가
곧 너이다

두려워 말라

너는 너의 뜻대로 살았지만
신에게도 뜻은 있다

인간이 신에게
유일하게 할 수 있는 일은
자신이 믿는
신의 크기를 결정하는 일뿐이다

기
도

시선에 지지 말지어다
비교에 굴복하지 말지어다
시간을 살지 말고
공간을 살라
남에겐 속더라도
너에겐 속지 말라
결말을 추종 말며
시작을 축복하라

나눔

형식에 지나지 않는다
너의 마음과
당신의 마음이
꼭 닿을 필요는 없기에
불안을 심어
너의 꽃을 피울지언정
아무
잘못은 없다

결
結

내가 누구인지 모르면서
남을 알려고 들지 말라
내려놓는 것은
나 하나면
족하다

사람은
사람을 위해

태어나

어느 한낮 오후를 벗어나
일몰을 바라보는 마음으로
서로를 치우켜
서로의 일기를 읽으며
서로의 눈물을 닦으며
뚜벅뚜벅 걸어가

마지막이 똑같을지언정
우리를 위해
먹을 것을 준비해
참새의 아침을
늑대의 점심을
어머니의 저녁을
아깝지 않을 하루를 준비해
누구의 것도 아닌
나의 것을 기꺼이 내어주어
나의 믿음과
너의 신뢰를 나누어
우리의 연결을 축복해
누가 강하든
누가 약하든
서로의 신뢰를 신뢰해
그것밖에 없어
사람이 사람을 위해 태어난 이유는
하나밖에 없어

Moon Light

누군가 누굴 보고 있다는
믿음
내 마음이 내키는
그 곳
같이 따뜻함을 나누던
오래된 바람

경험도
무지도
솔직함도
아무것도 없는
그 속

나랑 같이 가고픈
진심
거래를 원하는
이름
손가락이 부르트도록
터지던 울음

어디로 갈지 몰라
속 끓이던
현실
속에 머물던
눈빛

너의 모든 걸 가져갈
그 찬란한
불빛

문제없어요

어떤 고귀한 몸짓도
결국엔 썩기 마련
아름다운 꽃도
향기도

당신 같은 마음도
질긴 목숨도
결국엔

끝을 향해 나아가는
음악 같은
화살

아쉽게 꽂혀 흔들거릴
바람 같은
꽃

문제없어요
당신도
나도

흩어질 그리움 같은
그림들도
추억도
모두
다

"touch me"

나 죽으면
누군가는 울어줄까?

내가 판 구덩이 속
구렁이 같은 믿음이
나와줄까?

혹시 모를 언덕이
다시 떠올라

햇살 같은 오늘을
살게 할까?

기다리는 것이다

너의 믿음이
밥이 될 때까지

아끼고 아껴
버티는 것이다

기회란
늘 있기 마련이다.

2022218

윤태오

두껍지 않았으면
나의 얼굴이
손바닥이
이 마음들이
버겁지 않았으면
그냥 딱지처럼
호떡처럼
가볍게 넘어가
그대의 시간 속에
묻혔으면...

theos' poem

theos'
poem

시똥마

초판발행 2023년 5월 18일

글·사진 윤태오
기 획 Theos1332
디자인 이서라
펴낸이 정윤지
펴낸곳 (주)유니크앤(제2017-000358)
주 소 서울특별시 강남구 선릉로 704, 12층 1236-1호
전 화 010.7348.0330
이메일 theos1332@kakao.com
ISBN

ISBN 979-11-980217-1-7
값 12,000원

이 책은 저작권법에 따라 보호를 받는 저작물이므로 무단 전재와 복재를 금합니다.
책 내용의 전부 또는 일부를 이용하려면 반드시 저자의 동의를 얻어야 합니다.

잘못된 책이나 파손된 책은 구입하신 서점에서 바꿔드립니다.
유니크모노그라피는 (주)유니크앤의 출판 브랜드입니다.